NOTICE

SUR

LE PANORAMA

DE

CONSTANTINOPLE

VUE PRISE DE LA CORNE D'OR

PAR J. GARNIER

NOTICE

SUR

LE PANORAMA

DE

CONSTANTINOPLE

VUE PRISE DE LA CORNE D'OR

PAR J. GARNIER

NOTICE

PANORAMA

DE

CONSTANTINOPLE

———

Constantinople est dans une situation unique au monde ; elle s'étale sur des collines verdoyantes qui baignent leur pied dans les eaux bleues de la mer de Marmara et du Bosphore, sous un ciel ordinairement limpide et clair sur lequel se détachent les objets dans une atmosphère lumineuse.

Il n'y a qu'une voix pour célébrer le merveilleux aspect de cette ville, comme il n'y en a qu'une pour conseiller de ne pas trop s'arrêter au détail des rues et carrefours de ce labyrinthe dans lequel sont inconnues les plus simples notions de la voierie. « Voyez Constantinople de loin, restez devant cette incomparable ville le plus que vous pourrez, disait-on à un personnage qui voyageait avec son yacht, mais ne descendez pas à terre. » C'est cet avantage que le panorama de Constantinople offre à ses visiteurs. MM. Garnier, Debat Ponsan et H. Et. Delacroix ont admirablement rendu avec vérité et avec talent la physionomie générale de l'ensemble et le détail des objets qui sont à portée immédiate de la vue.

Constantinople a une antiquité fort respectable ; fondée en 330 après J.-C. par Constantin, sur l'em-

-placement de l'ancienne Bysance, elle fut l'objet de toutes les prédilections, et les villes de la Grèce, de l'Italie, Rome même furent mises à contribution pour concourir à l'embellissement de cette nouvelle capitale. Elle eut des alternatives de gloire et de revers, à cette époque où la puissance romaine était fort amoindrie par la mollesse, la satiété des plaisirs et même les horreurs de la guerre civile. Enfin, entrainée par cette décadence inévitable, elle tomba au pouvoir des croisés de Godefroy de Bouillon, qui y fondèrent, en 1204, un empire latin. Celui-ci ne fut pas de longue durée. Les Grecs, sous la conduite des Paléologue, reprirent possession de Constantinople en 1261, et enfin en 1453, le sultan Mahomet II emporta cette ville d'assaut et en fit la capitale de la Turquie.

Les avantages qu'elle en retira sont tout entiers dans le pittoresque que la construction des mosquées et des minarets a donné à la physionomié de cette ville. Ces constructions, multipliées par la dévotion des sultans, qui font édifier pour eux et leur famille les temples où ils doivent reposer, agrémentent beaucoup l'ensemble et donnent ce cachet particulier qui distingue l'Orient. Aussi, les Turcs appellent-ils leur ville *Stamboul* par corruption sans doute du Grec *is tam polis* (la ville par excellence.)

Cette ville a 16 kilomètres de tour. Elle est bâtie en amphithéâtre sur sept collines, et forme un triangle protégé par la mer sur deux de ses côtés, et sur le troisième par une double enceinte fortifiée et un large fossé. Mais ces fortifications sont aujourd'hui fort délabrées.

Vue de la mer, avec ses coupoles, ses dômes, ses hauts minarets, ses palais, ses maisons aux couleurs éclatantes et variées, ses bosquets de cyprès

qui couvrent les nombreux champs de repos ré-
pandus dans cette ville, Constantinople offre un as-
aspect incomparable. On y compte près de 100,000 maisons; mais, comme la fréquence des tremblements
de terre a introduit l'usage des constructions en
bois, les incendies font souvent de grands ravages.
Des îlots de 3 à 400 maisons disparaissent d'un coup;
heureusement pour les habitants, leur fortune mobi-
lière est renfermée dans quelques caisses qui peuvent être enlevées au premier signal du feu.

Les mosquées sont nombreuses: on évalue leur
nombre à 350. Toutes rappellent le nom du fonda-
teur ou du personnage qui y a son tombeau. Ste Sophie,
fondée en 532 par Justinien, est renommée par son
origine; elle n'est pas la plus belle, mais elle ren-
ferme toutefois des détails remarquables, entre
autres, sa voûte qui est une mosaïque de cubes de
verre doré. La mosquée Sultanié possède des colon-
nes provenant de l'ancienne Troie. Il est d'autres
monuments que l'on voit de l'extérieur: la tour des
Génois, le Seras Kierat, d'où des guetteurs en per-
manence signalent les incendies. Mais beaucoup de
lieux curieux ne sont visibles qu'en parcourant la
ville, ainsi les bazars, où s'engouffrent les produc-
tions de tous les pays, où l'on respire les parfuns
les plus variés, fort appréciés des Indigènes, mais
difficilement supportés par les étrangers, et où on
coudoie des hommes de toutes les races avec leur
costume caractéristique. Il existe même encore un
bazar circassien où on trouverait des échantillons
de la population féminine de ce pays; mais on n'y
admet qu'un monde de choix et sur présentation,
ce petit trafic n'étant plus autorisé. Ce n'est pas
toutefois qu'il repugne à celles que nous appe-
lons des *victimes*, au contraire, toutes n'aspirent

qu'à quitter une misérable vie de labeur et de privation dans leurs montagnes, pour venir passer mollement leur existence dans le harem d'un grand personnage où elles trouvent, au lieu de liberté, l'abondance et le luxe.

Toute bonne maison de Constantinople a ses divisions intérieures: le harem ou gynécée est l'appartement des femmes; il forme un quartier séparé où aucun étranger ne pénètre. Le maître a son appartement et un *selamlick*, espèce de salon où il reçoit.

En quittant la mer de Marmara, après avoir longé le côté sud de la ville, on entre à gauche dans la Corne d'Or, dont les deux rives sont bordées de collines où s'étale Constantinople. A gauche se trouvent: le *Fanar*, résidence des Grecs, le faubourg Juif de *Balot*, le faubourg d'*Eyoub*, qui possède la mosquée où est conservé l'étendard du Prophète. A droite se trouve *Galata*, le long de la mer, avec l'arsenal maritime, l'amirauté. Cette partie est entourée de murs, élevés par les Génois en 1453, et au sommet de la colline le quartier franc *Péra*, avec ses églises pour les différents cultes, des casernes, des écoles, des théâtres français et italien; les différentes ambassades et un grand champ des morts dont on ne voit, de la mer, que le sommet des cyprès. Le sultan a fait édifier son nouveau palais de ce coté, sur la rive du Bosphore.

La Corne d'or est le port de Constantinople. Elle a une longueur de 6800 mètres, une largeur de 1600 et peut recevoir 1000 bâtiments, même les plus gros vaisseaux de guerre. Trois ponts ont été jetés sur ce bras de mer. La Corne d'Or, après avoir contourné Constantinople au nord, finit dans une riante vallée où coule un délicieux ruisseau le *Barbyse* qu'on a décoré du nom d'*Eaux douces d'Europe*.

Les femmes musulmanes, conduites par leur fidèle gardien, vont y faire leur promenade en voiture ou en caïques, charmantes et légères enbarcations du pays. C'est ordinairement le vendredi, le dimanche des musulmans.

Apèrs ces considérations sommaires sur l'histoire et la topographie de Constantinople, nous guiderons le spectateur dans l'examen des détails qu'il a sous ses yeux. Pour donner une idée exacte de l'ensemble et de l'étendue panoramique de cette position, unique au monde, il fallait adopter un point culminant, d'où l'œil pût s'étendre jusqu'aux plus lointains horizons et où l'on pût avoir, presque sous la main, des détails intéressants. Ce choix a été très judicieusement et très heureusement fait. Le peintre a adopté une espèce de ponton-débarcadère, voisin du grand pont, (le pont Vieux), toujours le plus fréquenté, et sur lequel se croise à toute heure du jour une variété de peuples comme n'en offrirait aucun point du globe. On y rencontre des musulmanes à la figure couverte d'une gaze si légère qu'elle ne fait que donner du charme à des traits quelquefois dépourvus de la fraicheur juvénile; elles esquivent ainsi, avec art et coquetterie, le précepte religieux et les exigences sociales. Elles s'enveloppent artistement dans un ample manteau de couleur claire, (feredje) qu'elles savent écarter à propos pour ne rien dissimuler de leurs avantages ; de vieux Turcs, encore fidèles aux traditions, avec leur caftan, leur turban, leurs allures calmes et leur physionomie grave; ils sont maintenant en petit nombre, la nouvelle génération porte le fez et la tunique européenne. Cette adoption enlève un des charmes de l'orient où on aimait à voir le large pantalon, les gilets et les vestes brodés. Seuls les Grecs et les Albanais, *cawas* du sultan et des grands personnages, sont encore ornés de leur costume traditionnel, et portent à la ceinture tout un arsenal d'armes dont le luxe est en rapport avec le goût et les moyens du propriétaire.

Le pont est sans cesse parcouru par les *hamals*, portefaix turcs, doués, par l'habitude sans doute, d'une force prodigieuse, supérieure à celle de tous les portefaix, et qui a donné naissance au dicton «fort comme un Turc.» Ils transportent tous les approvisionnements des bazars et sont indispensables partout, attendu que les transports par voitures sont impraticables. De nombreux mendiants portant une sébille faite d'une moitié de courge, attachée au bout d'un bâton, sollicitent la charité des passants; des femmes avec leurs enfants s'arrêtent aux marchands de confiserie et mangent le fameux *Raac lokoum* à la rose, à la vanille, qui a pénétré jusqu'à Paris, et que ne dédaignent pas nos élégantes. Des Circassiens à cheval ont une fière allure sous leur costume caractéristique, rehaussé de belles armes dont ils se servent vigoureusement. Au milieu de cette population bigarrée, le costume européen n'a rien de beau, et tel Turc, drapé dans ses haillons, a l'air plus majestueux que nos touristes dans leur costume étriqué.

Enfin, on rencontre sur ce pont des gens de toute classe, de toute condition, de tout pays. Ici, à gauche, dans ces voitures, c'est un harem en promenade, accompagné d'eunuques noirs; plus loin, ce sont des pompiers volontaires qui vont offrir leurs services plus désastreux que l'incendie même; là ce sont des musiciens ambulants qui n'ont d'autre mérite que celui de l'originalité de l'exécution. Voici un *Bachi Bouzouk*, c'est peut-être un Turkmène des steppes de l'Asie; en tout cas c'est un bon à tout faire, surtout le mal. Et tout autour de soi, on assiste au mouvement incessant de ce grand port, dont les eaux bleues et transparentes sont sillonnées en tous sens par des caïques légers, des felouques turques, peintes de façon bizarre, dont l'avant est coquettement relevé et qui ont un gréement tout à fait particulier. Ces bateaux font un petit cabotage et la pêche depuis l'Archipel jusqu'à la mer Noire. Les navires de toute sorte sont nombreux ; ils viennent de tous les points du globe apporter leurs produits.

Malgré la présence des ponts, les bâtiments peuvent pénétrer jusqu'au fond de la Corne d'Or, grâce aux moyens employés pour l'installation des ponts. Celui que nous avons sous les yeux est supporté par d'énormes flotteurs en tôle qui remplacent les bateaux en usage dans les ponts de bateaux. Entre les flotteurs peuvent circuler les petits bateaux et, pendant la nuit, quand la circulation est interdite sur le pont, on ouvre deux arches centrales pour laisser passer les grands bâtiments qui vont jeter l'ancre devant l'arsenal et dans les autres petits ports de la Corne d'Or

Ce pont est de construction récente; il a remplacé celui que l'on appelait *Pont Vieux* et dont quelques parties ont été utilisées pour en faire un débarcadère et des entrepôts que l'on voit appuyés au *pont neuf*. En raison même de sa construction ce pont n'a pas de fixité; on éprouve, en le parcourant, des oscillations désagréables, et la régularité des lignes est sensiblement altérée par les mouvements ; mais il n'était pas possible de faire autre chose qu'un pont flottant sur une aussi grande largeur.

Le point où se trouve le spectateur étant, comme nous l'avons dit, au-dessus du ponton d'embarquement des bateaux à vapeur qui font le service de la Corne d'Or, le pont se trouvant à nos pieds, nous avons devant nous la rade proprement dite où stationnent les grands paquebots, courriers de tous les peuples. En face est la *côte d'Asie Mineure* où s'étagent les maisons de *Scutari* qui forme avec Péra, Galata et Stamboul, l'immense capitale religieuse et politique de l'Empire Ottoman. La grande caserne de Scutari se distingue à mi côte, presque à la pointe de droite où se trouve un petit port.

Scutari est la ville turque par excellence ; son champ des morts, marqué par une forêt de cyprès, reçoit tous les musulmans de distinction qui ne regardent l'Europe que comme un séjour provisoire, et ne veulent pas y dormir du sommeil éternel. Ceux là font bien, en effet, de choisir Scutari pour leur dernière demeure, car l'Europe moderne a déjà envahi Constantinople : on ne monte à Pera que par le chemin de fer funiculaire souterrain ; les tramways ont pris possession des voies qui ne sont pas trop accidentées ; ils longent le Bosphore. Quant au chemin de fer, il établit des communications rapides entre Constantinople et Andrinople.

Depuis vingt ans, Constantinople a été transformé surtout dans sa partie basse : des constructions en pierres se sont élevées en dépit des tremblements de terre, des rues ont été rectifiées, élargies, d'autres ont été ouvertes à Galata et à Péra, et si les Turcs n'ont pas encore participé à ces transformations, les Grecs, les Arméniens et les commerçants étrangers ont préparé pour eux un bien être que ne comportaient pas les anciens usages. Ils ne négligent rien, pas même l'établissement de bains froids que nous voyons près du pont. C'est le Constantinople moderne que présente le panorama.

A côté de Scutari, au milieu du Bosphore, brille un phare sur un îlot rocheux où se trouve la *tour de Léandre.*

En allant vers la droite, on voit *Kadi Koi* (ville des juges, l'ancienne *Chalcédonie*), puis à l'entrée du golfe de *Nicomédie*, les *îles des Princes* au-dessus desquelles on distingue l'*Olympe de Bithynie*. Là est l'entrée de la mer de Marmara, séparée de la Corne d'Or par la *pointe du Sérail*, l'ancienne acropole de Byzance, l'ancien palais des sultans qui a servi plus tard d'infirmerie pour les malades du harem impérial, et de maison de retraite pour celles que l'âge avait frappées A l'extrême pointe, on montrait une fenêtre, ouverte dans la muraille, comme une embrasure de canon ; c'est par cette ouverture, dit-on, qu'au moyen d'un plan incliné, on lançait dans le Bosphore profond et rapide en cet endroit, les femmes dont on croyait avoir à se plaindre, ou peut-être qui n'avaient d'autre tort que de cesser de plaire. Aujourd'hui, de nombreuses bandes de canards qu'on ne voit jamais poser sur l'eau, volent le long du Bosphore en en rasant la surface ; ce sont, dit-on, les âmes des victimes lancées dans l'abîme.

Le vieux Sérail a ses légendes, son histoire, écrite surtout avec le sang des Janissaires que Mahmoud II n'a pas hésité à sacrifier à sa sécurité et à l'avenir de son empire. C'est là, en effet, que se tramaient les complots, les conspirations ; c'est là que le lacet remplissait son lugubre office quand l'intrigue triomphait. Le vieux Sérail était comme le centre du monde oriental ; c'était un asile sacré fermé aux profanes qui n'avaient accès que dans quelques parties écartées. Le Padischa y recevait officiellement les ambassadeurs dans un kiosque admirablement orné de faïences persanes et, par une ruse d'autocrate, la porte en était si basse que celui qui la franchissait était obligé de se courber devant le maître, ce qui était considéré par toute l'assistance comme une marque de respect. Pour éviter cette condescendance, un ambassadeur français trancha la difficulté en entrant à reculons. A partir de ce moment, les réceptions eurent lieu ailleurs ; dans les dernières années du règne d'Abdul Medjid, la cérémonie du *baise main*, à la fin du *Ramadan* avait encore lieu au vieux Sérail, bien que le Sultan habitât le Palais neuf.

Aujourd'hui, le progrès a fait irruption jusque dans cette antique demeure des Sultans. A la pointe du vieux Sérail, là où s'ouvrait cette fatale embrasure qui était la porte de l'éternité pour les malheureuses victimes des intrigues du harem, s'élèvent des constructions informes, cubes de maçonnerie à plusieurs étages où le mouvement a remplacé l'indolence ; nous sommes en pleine gare de chemin de fer ; de là, le bruit strident des locomotives se répercute dans tous les coins du vieux Stamboul et jette dans la consternation les fidèles musulmans qui ne voient dans ces nouveautés que le prélude de la déchéance de leur empire vénéré.

A partir du vieux Sérail commence la série des belles mosquées qui se découpent sur le ciel : d'abord Sainte-Sophie, une merveille d'architecture, dont la voûte est extrêmement surbaissée et qui, pour cette raison, était menacée d'un effondrement. Pour le prévenir, on a dû entourer la mosquée d'une enveloppe de murs, jambes de force d'une grande épaisseur, qui ôtent au monument beaucoup de son élégance primitive. Ancienne cathédrale chrétienne sous les empereurs, elle fut affectée par Mahomet II au culte musulman. A l'entrée du pont est *Yeni Djani*, mosquée de la *Sultane* Validé, construite par l'aïeule de Mahomet IV ; sur la hauteur, la mosquée du *Sultan Ahmet*, la seule qui ait six minarets, la mosquée d'*Osman*, la mosquée de *Bajazet*, où sont élevés, aux frais de

l'État une multitude de pigeons bleus; la mosquée de
Soliman, qui domine majestueusement Stamboul,
la tour du *Séras Kierat* point le plus élevé de Constantinople. Allant toujours sur la droite, on voit les
restes de l'*ancien aqueduc* d'Adrien, qui font un effet
magique au soleil couchant; la mosquée du *Sultan
Selim,* les *grandes murailles,* ort délabrées aujour-
d'hui, et qui n'ont pas pu arrêter Mahomet II en 1453;
le *faubourg d'Eyoub,* mosquée et cimetière sacrés.
Nous franchissons la Corne d'Or et nous entrons
dans le quartier de Galata, dominé par le grand
champ des morts.

Ici commence la ville européenne et commerçante:
la tour des Génois, tour de Galata, la domine; c'est un
monument du XIIIe siècle. Au delà de cette tour, est le
quartier de Péra où résident les ambassadeurs de
tous les pays, les fonctionnaires et les riches négo-
ciants; les hôtels pour les voyageurs et les touristes
sont tous dans ce quartier, que de nombreuses constructions à l'européenne ont complètement transformé
depuis quelque années.

En bas, près du pont, se trouve *Top hane,* arsenal
de terre où abordent les grands navires, la mosquée
de *Mahmoud* et plus loin la mosquée du *selamlick* où
souvent le vendredi se rend le sultan pour faire ses
dévotions et faire constater son existence par le peu-
ple. Là commence le Bosphore, et se termine, pour
le spectateur, le cercle autour duquel se déploie la
superbe ville que personne ne se lasse d'admirer et
que le panorama reproduit aussi fidèlement qu'il est
possible à l'art de donner une idée de la nature.

DIORAMA

Le Diorama de la defense de Paris continue à être
exposé aux regards des visiteurs. Cettte œuvre si
émouvante dans ses détails, si saisissante par l'ex-

pression des souffrances subies par les habitants et les cruelles appréhensions que produisent les projectiles ennemis fouillant les rues de Paris, est un épisode du siège qui a toujours captivé l'attention et provoqué l'attendrissement des visiteurs. M. Philippoteaux a mis dans cette page, magistralement exécutée, tout son grand talent.

La scène se passe à Montrouge, avenue d'Orléans. Au fond est le clocher de Montrouge ; au milieu du mouvement de soldats, de blessés, de voitures un groupe nombreux de femmes stationne à la porte d'une boucherie municipale, attendant l'heure de l'insuffisante distribution de viande ; un obus éclate en frappant l'angle d'une maison et envoie au milieu du groupe ses éclats et des pierres; les blessés tombent, la neige qui couvre le sol est rougie et les personnes épargnées expriment la consternation dont elles sont frappées. Un incendie éclate, les pompiers le combattent, et, au dessus de cette scène de désolation, un ballon plane dans les airs portant au loin le détail des misères de Paris.

Auteuil. — Imp. des Apprentis-Orphelins. — Roussel, 40, rue La Fontaine.

uvent des dervich[es]   [...]ée de Sélamlick.
[...]tel de l'ambassad[e]   [...]e du Bosphore.
[...]tel de l'ambassad[e]   [...]rcadère des paquebots européens.
[...]tel de l'ambassad[e]

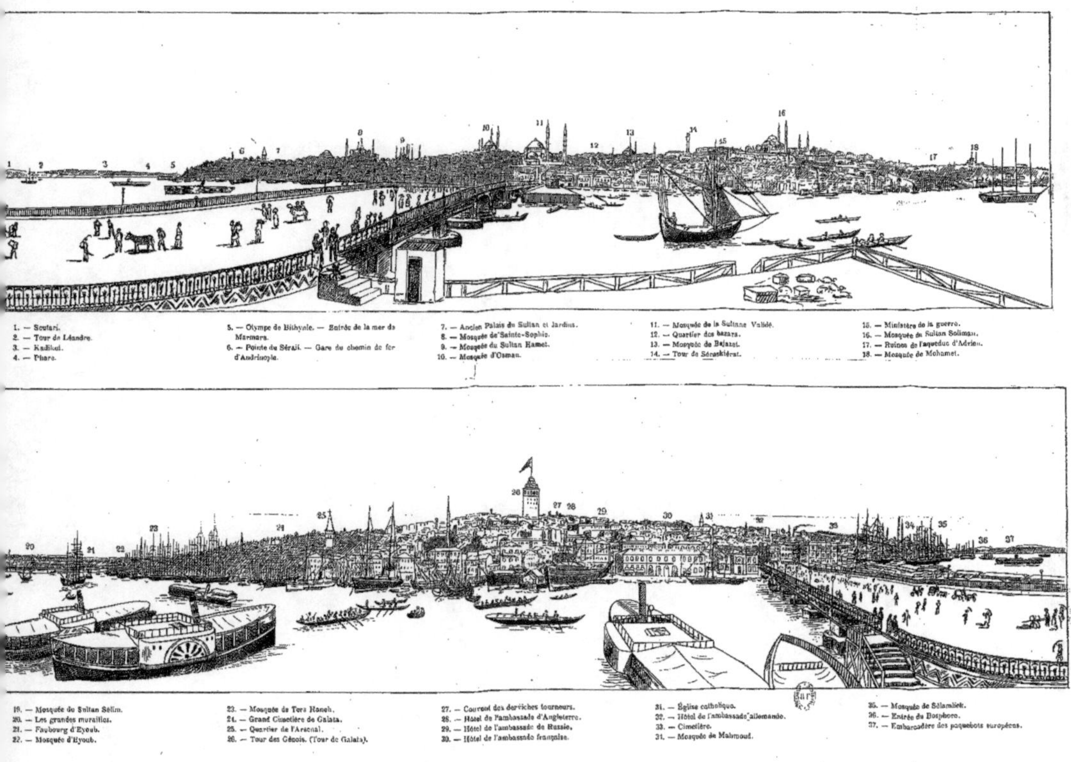

1. — Scutari.
2. — Tour de Léandre.
3. — Kadikoi.
4. — Phare.
5. — Olympe de Bithynie. — Entrée de la mer de Marmara.
6. — Pointe du Sérail. — Gare du chemin de fer d'Andrinople.
7. — Ancien Palais du Sultan et Jardins.
8. — Mosquée de Sainte-Sophie.
9. — Mosquée du Sultan Hamet.
10. — Mosquée d'Osman.
11. — Mosquée de la Sultane Validé.
12. — Quartier des bazars.
13. — Mosquée de Bajazet.
14. — Tour de Séraskiérat.
15. — Ministère de la guerre.
16. — Mosquée du Sultan Soliman.
17. — Ruines de l'aqueduc d'Adrien.
18. — Mosquée de Mohamet.

19. — Mosquée du Sultan Sélim.
20. — Les grandes murailles.
21. — Faubourg d'Eyoub.
22. — Mosquée d'Eyoub.
23. — Mosquée de Tera Haneh.
24. — Grand Cimetière de Galata.
25. — Quartier de l'Arsenal.
26. — Tour des Génois. (Tour de Galata).
27. — Couraut des derviches tourneurs.
28. — Hôtel de l'ambassade d'Angleterre.
29. — Hôtel de l'ambassade de Russie.
30. — Hôtel de l'ambassade française.
31. — Église catholique.
32. — Hôtel de l'ambassade allemande.
33. — Cimetière.
34. — Mosquée de Mahmoud.
35. — Mosquée de Sélamlick.
36. — Entrée du Bosphore.
37. — Embarcadère des paquebots européens.

www.ingramcontent.com/pod-product-compliance
Lightning Source LLC
Chambersburg PA
CBHW061718050726
47598CB00004B/1898